A Carles Riera, gracias por tantos y tantos martes
haciendo música juntos.
O. G.

Con afecto, para Mercè Puntí, gran soprano
y excelente maestra de canto.
M. G.

Combel Editorial es un sello de Editorial Casals, SA
© 2023, Oriol Garcia Molsosa por el texto
© 2023, Mercè Galí por las ilustraciones
© 2023, Celia Filipetto por la traducción
© 2023, de esta edición, Editorial Casals, SA
Casp, 79 – 08013 Barcelona
combeleditorial.com
Diseño gráfico: Estudi Miquel Puig
Primera edición: febrero de 2023
ISBN: 978-84-9101-886-5
Depósito legal: B-128-2023
Printed in Spain
Impreso en Indice

comBeL

Cuentos con desconcierto

ORIOL GARCIA MOLSOSA

MERCÈ GALÍ

Traducción de
Celia Filipetto

Con concierto o desconcierto
con **mentiras** cochinas
o **verdades** como templos

¡he aquí cinco cuentos
para aguzar el oído!

Aquí tenemos cinco cuentos concertantes. Cuentos compuestos de historias reales que, de tan extravagantes, parecen imaginarias. Porque ya se sabe: ¡a veces la realidad supera la ficción!
Giocoso
Risoluto
Pero ¿qué dices, Risoluto? Aquí tenemos cinco cuentos con desconcierto muy juguetones. Anécdotas llenas de fantasía y buen humor. Porque no hay nada mejor que una buena historia con la que exagerar la nota.

Una de reyes...

Fantasia Upon One Note, Z. 745
Henry Purcell (1659–1695)

El día en que el rey
dio un concierto

El día en que el rey dio un concierto la sala estaba repleta. No faltaba nadie. Porque cuando el rey te invita, más te vale llegar puntual a la cita y poner cara de interés. La señora de la tercera fila llegó al extremo de aguantar la respiración con la mano en el pecho. Ella os dirá que lo hacía «por lo intenso de la interpretación», pero la verdad es que llevaba un vestido tan ceñido que la oprimía y le cortaba la respiración. ¡Maldita moda!

El día en que el rey dio un concierto, el monarca no estaba solo. Lo acompañaban cuatro músicos, los mejores de la ciudad. Tocaron concentrados, tratando de no apartar la vista de la partitura. Y no porque la pieza fuese especialmente complicada. Los cuatro músicos procuraban no mirarse para evitar el ataque de risa que habría enfurecido al monarca. Ver al rey rasgando la viola da gamba de aquel modo era más propio de un número cómico de circo que de un concierto refinado.

Sin embargo, el día en que el rey dio un concierto quien se llevó la peor parte fue Henry, el compositor. Todo había comenzado justo una semana antes, cuando Su Majestad lo citó en palacio.

Aquel día Henry se pintó la cara de blanco con más cuidado que nunca y fue al barbero a que le ajustaran la peluca. Quería causar buena impresión. Mientras cruzaba puertas, salas y salones, escoltado por la guardia real, Henry se devanaba los sesos tratando de adivinar qué le encargaría el rey. «Quizás sea una ópera…», pensó y enseguida imaginó una obertura majestuosa y elegante como los mármoles de aquel inmenso palacio. Cuando finalmente llegó ante la puerta, uno de los guardias anunció: «¡Su Majestad, el rey!». Y la puerta se abrió.

El rey apareció con la peluca despeinada y envuelto en una bata de seda abrochada a medias.

—Querido Henry, te he mandado llamar porque dentro de una semana quiero organizar un concierto.

—¿Un concierto? —preguntó, sorprendido.

—¿Acaso el rey no puede organizar un concierto? ¡¿Insinúas que los conciertos son cosa exclusiva de los músicos?! —preguntó el rey levantando la voz, ofendido.

—¡Desde luego que no, Majestad! —se disculpó con una reverencia—. Mi sorpresa se debe a que desconocía, oh, Majestad, que tocaseis un instrumento.

—¡Yo no toco ningún instrumento!

—Pues… ejem… si no es demasiada indiscreción por mi parte —dijo muy cauto—, ¿podríais decirme con qué instrumento tenéis previsto organizar el concierto?

—Con una viola da gamba.

—Entonces mandaré llamar enseguida al mejor maestro de…

—¿Cómo? ¿Crees acaso que a mí me hace falta un maestro? ¿Crees que no tengo nada mejor que hacer que estudiar un instrumento? ¡Tengo un reino que atender! —exclamó, indignado, mientras se abrochaba la bata e intentaba ocultar el pijama que llevaba debajo.

—Desde luego, desde luego…

—Te he mandado llamar, mi querido Henry, porque quiero que me escribas una partitura para viola da gamba. El concierto se celebrará la semana entrante y, evidentemente, será un éxito —dijo con vehemencia.

Esa semana Henry estuvo muy concentrado, trabajando como pocas veces. Primero intentó escribir una melodía sencillísima. Fue corriendo a la plaza y pidió a un niño que nunca había tocado una viola da gamba que ejecutara aquellas cuatro notas. Como era de esperar, el desastre fue mayúsculo. Si el rey llegaba a hacer semejante ridículo, era seguro que mandaría prohibir en todo el reino la música de Henry y… ¡acabaría echándolo del país!

Poco a poco fue simplificando la melodía: quitaba una nota por aquí, se le escapaba otra por allá, ponía un ritmo menos por aquí… hasta dejarla tan esmirriada que solo quedó una nota. Una sola nota sin ritmo, con un sonido infinito. Henry volvió a llevarle la viola da gamba al niño que, claro está, esta vez tocó la partitura razonablemente bien.

El compositor volvió a su casa pensando que con aquello no bastaba. El público sería incapaz de disimular el aburrimiento al escuchar un concierto de una sola nota. ¡Bastaba un bostezo y sería hombre muerto! De modo que decidió rodear aquella nota de unas melodías bonitas y virtuosas. Contrató a los cuatro mejores músicos de la ciudad y les dijo:

—Dentro de siete días tocaréis en presencia del rey.

El día en que el rey dio un concierto, Henry observaba muy nervioso la reacción de los asistentes. Las miradas burlonas y el escepticismo inicial se convirtieron en caras de sorpresa y entusiasmo. Los cuatro músicos y el rey que, imperturbable, seguía tocando una y otra vez aquella nota perpetua, acometían ya los últimos compases. Henry contempló al monarca y suspiró aliviado. Lo veía satisfecho frotando la cuerda do de la viola da gamba.

El día en que el rey dio un concierto el público aplaudió puesto en pie el ingenio de Henry, capaz de convertir en una obra maestra una sola nota tocada por un rey bobalicón.

Es una verdad como un templo... que Henry Purcell escribió una pieza en la que uno de los instrumentos toca siempre la misma nota.
!
Es una mentira cochina... que escribiera la pieza por encargo de un rey. De hecho, no sabemos bien si la escribió por encargo o por pura diversión.

Una de golosos…

Aria «Sempre libera» de la ópera *La traviata*
de Giuseppe Verdi (1813–1901)
cantada por Nellie Melba en 1904

El postre, el chef y la cantante

Cuando el chef Auguste Escoffier da la entrada, empieza la función. Unos cuantos cocineros se ocupan de las partidas de carne y otros de las de pescado, los más golosos preparan los postres y los más madrugadores, los entrantes. El espectáculo acaba cuando los clientes se marchan de la sala ahítos, satisfechos y un pelín más pobres. Y es que Monsieur Escoffier es uno de los mejores cocineros del mundo y le gusta que eso quede bien claro cuando los comensales pagan la cuenta.

Cuando no trabaja, es Auguste quien se rasca el bolsillo para poder sentarse en la platea del teatro y disfrutar de su espectáculo preferido: la ópera. El chef cambia el delantal por un elegante frac negro y el gorro de cocinero por un sombrero de copa tan exuberante como su bigote, que se peina y se repeina para la ocasión. Y así, de punta en blanco, se sube al coche negro descapotable. Cuando se baje de él, desprenderá ese olor a gasolina que dejan tras de sí los hombres importantes (los que se pueden permitir uno de estos nuevos coches motorizados), y no esa peste a caballo de los que todavía viajan en carruaje. Por eso, una vez montado en el coche se le eriza el bigote. «A la puerta del teatro, *s'il vous plaît*», le ordena al chófer.

Hoy actúa en el teatro la famosísima cantante Nellie Melba. Cada vez que el público la ovaciona a ella se le eriza el peinado. ¡Y ocurre siempre que sale a escena, por algo es una de las mejores del mundo!

Nellie Melba sale al escenario con el aire de la gran diva, ataviada con un traje excesivo y entona las primeras notas de un aria de Verdi. Cautivado por la belleza de su voz, el público enmudece. A algunos se les saltan las lágrimas de la emoción, a otros se les pone la piel de gallina y los hay también que se quedan sin respiración. Pero nada de esto le ocurre a August Escoffier. Él saborea las notas con los ojos cerrados, como si de uno de sus platos se tratase. Y quizás por eso la dulce voz de la cantante lo inspira y comienza a imaginar una receta nueva.

El problema es que la imaginación desbordante del chef es tan pero tan inmensa que ya no le cabe en el cuerpo y, sin decir agua va, se le sale por las orejas y parte desbocada hacia el escenario.

Y así, en vez de quedar envuelta en el traje anaranjado, la pobre Melba acaba embutida en el interior de un melocotón dulce como la miel; el maquillaje que le sonrosaba las mejillas se ha convertido en una riquísima (y un tanto pegajosa) mermelada de frambuesa. Cuanto más canta ella, más desbocada avanza la imaginación del cocinero. Ahora, por ejemplo, los zapatos de tacón de la diva se han transformado en dos bolas de helado de vainilla, que consiguen que la cantante resbale con muy poca gracia por el escenario. Y por si eso no bastara, el peinado todo erizado le ha quedado cubierto de azúcar glas… ¡Qué mala pinta tiene la pobre!

Lo cierto es que, gracias a la imaginación del chef, Nellie Melba acaba transformada en un postre irresistible. Hasta tal punto que los espectadores más hambrientos se abalanzan sobre el escenario para probar un trocito. En un abrir y cerrar de ojos, el escenario se llena de gente refinada que, sin freno alguno, come con las manos. Hay señoras con el traje de gala manchado de mermelada de frambuesa y señores con los bigotes empolvados de azúcar.

—¡Exquisito! ¡Qué combinación de sabores! —exclaman todos con entusiasmo. ¡Incluso Nellie Melba ha dejado de cantar para probar la deliciosa mermelada que le chorrea por la mejilla!

Monsieur Escoffier no se entera del alboroto hasta que, sorprendido por el repentino mutis de la cantante, abre los ojos. Es entonces cuando ve en primer lugar la magnitud de la tragedia, y en segundo, la grandeza de su imaginación. Y entre quejarse por ser la causa del desastre que tiene lugar ahora mismo en el escenario o celebrar su nueva genialidad, el chef no tiene ninguna duda.

Entusiasmado con su creación, vuelve deprisa y corriendo al restaurante y comienza a combinar con habilidad los ingredientes que ha visto surgir en escena. Un poquito de esto, un poquito de lo otro, unas cuantas frambuesas más, ahora un poco menos de helado hasta terminar convirtiendo la mezcla en un postre extraordinario. Lo servirá en una bandeja de plata que hará justicia a la cautivadora belleza de la voz de la cantante. El chef no lo sabe, pero acaba de inventar un postre que se hará famoso en el mundo entero: el melocotón Melba. Al día siguiente por la noche en el teatro, quién sabe si la gran Melba intentará cantar Verdi con un poquitín de acidez, a ver si así el chef cambia el helado de vainilla por el de limón, que siempre le ha gustado más.

Es una verdad como un templo...
que el chef Auguste Escoffier, inspirado por la voz
de la cantante Nellie Melba, creó un postre famosísimo
preparado con melocotón en almíbar, helado de vainilla
y mermelada de frambuesa: el melocotón Melba..

Es una mentira cochina...
que convirtiera a la pobre cantante
en postre. De hecho, la primera que
lo probó fue la propia Nellie Melba.
¡Y dicen que le pareció exquisito!

Una de jazz…

A Smooth One de Benny Goodman (1909–1986) interpretada al clarinete por el mismo Benny Goodman.

La maleta
de Benny

Benny era el noveno de doce hermanos de una familia más bien pobre de Chicago. Y claro, cuando eres el noveno de doce hermanos de una familia más bien pobre suelen ocurrirte un par de cosas: que en casa a duras penas se acuerdan cómo te llamas y que desde muy joven te toca trabajar «para ayudar con los gastos», te dicen.

—¡Sam, a cenar!

—¡Soy Benny, mamá!

—¡Ay, sí, qué cabeza la mía! —se disculpa ella—. Date prisa, que tienes que ir a tocar a la boda de los Pollock.

30 Con poco más de catorce años Benny ya trabajaba amenizando con su clarinete las celebraciones de su barrio. En todo Chicago no había nadie que tocara el clarinete con su gracia sin par. Pero él estaba harto de aquel trabajo porque todo el mundo le pedía siempre que interpretase las mismas canciones. Y Benny se pasaba los días repitiendo sin cesar las melodías de siempre entre los generosos aplausos de los Pollock o los Stanley de turno.

—Mamá, me parece que estoy gastando las canciones de tanto tocarlas… —le comenta un día con preocupación.

—No digas bobadas, George…

—¡Mamáaa! —se queja Benny inútilmente.

—… las canciones no se gastan —añade ella tan campante—. Por cierto, los Miller me han dicho que te esperan a las nueve. ¡Sé puntual!

Pero Benny tenía razón. ¡Claro que se gastan las canciones! Esa noche en casa de los Miller, por más que lo intentara, de su clarinete no salió ni una sola nota. ¡Se había quedado sin canciones y con los bolsillos vacíos! Porque, evidentemente, los Miller no le pagaron ni un céntimo.

Benny volvía cabizbajo para su casa cuando me vio: sola, junto a un banco de madera. Yo no sé qué haríais vosotros si encontrarais una maleta abandonada, pero Benny no lo dudó ni un solo instante.

—¡Qué bonita esta canción! Es la primera vez que la tocas, ¿no? —dice su madre meciéndose al ritmo de la música.

—¡No! ¿Te gusta?

—¡Me encanta! ¿Quién te la ha enseñado?

—¡Una maleta! —contesta, burlón.

—¡Vete a freír espárragos! —le suelta su madre pensando que su hijo le toma el pelo.

En realidad, no le mentía. Aquella noche, cuando Benny me hubo abierto, de mi interior salió una maraña de notas desordenadas, una algarabía insoportable. Sorprendido, cerró la maleta enseguida. Y cayó el silencio.

«¡Vaya lío! ¿Me estoy volviendo loco o esta maleta suena?», se preguntó. Recuperado del susto, me abrió otra vez para comprobarlo. En esta ocasión lo hizo poquito a poco. Entonces, por la rendija dejé salir la primera nota, después la segunda y la tercera… Y a medida que Benny extraía aquella retahíla de notas nacía una melodía traviesa y pegadiza. Eso no fue todo: en mi interior aún quedaban centenares de miles de melodías más que descubriríamos juntos.

Desde aquel día, todas las mañanas Benny extraía mis melodías y las guardaba en botes de cristal debidamente etiquetados: «Para los bailarines», «Para los enamorados», «Para ahuyentar las penas»… Si tenía que ir a tocar al entierro de la abuela de los White, por ejemplo, elegía el bote que ponía: «Para los días más tristes». Con la ayuda de un embudo llenaba el clarinete de notas… ¡y a soplar! Formábamos un equipo fantástico. Hasta tal punto que muy pronto la ciudad de Chicago se nos quedó pequeña.

—¡Nos vamos a Nueva York! —me dice un día.

—Te echaré de menos… ¡Procura escribirnos a diario! —le pide su madre. Y lo abraza.

—Todos los días sin falta. ¡Te lo prometo! —exclama, quitándosela de encima.

—¿Has cogido la maleta, Fred?

—¡Mamá, soy Beeenny, soy Benny!

—¡Ay, sí, qué cabeza la mía! —se disculpa—. Pero no vayas a dejarte la maleta, ¿eh?

Y llegamos a Nueva York. Recorrimos juntos las radios y las salas de toda la ciudad, tocamos con los mejores músicos y hasta actuamos en una película. Todos bailaban al ritmo del clarinete de Benny. Prácticamente todos sabían cómo se llamaba.

—¿Te has enterado, cariño? —le pregunta a su marido la madre de Benny mientras cenan escuchando la radio—. ¡Nuestro Jack dará un concierto con su propia orquesta!

—¿Jack dices? —dice el padre, extrañado—. Pero ¿Jack no era jardinero?

Y así llegamos a la fecha señalada: 16 de enero de 1938. Hoy todos están pendientes de su concierto en el Carnegie Hall, la sala más importante de la ciudad. ¡Las entradas llevan días agotadas!

Benny está como un flan. Al entrar en el camerino su mano me aferra del asa con mucha fuerza. Me abre muy despacio y dejo salir las melodías del concierto de hoy. Las hemos elegido con cuidado porque se trata de un día importante. Procurando no perder ni una sola nota por el camino, Benny las mete dentro del clarinete con la ayuda del embudo.

El concierto está a punto de comenzar. Con el clarinete en la mano, Benny espera nervioso detrás del telón. Lo acompañan un montón de músicos: su orquesta. Sentados en la primera fila, muy orgullosos, están los padres de Benny y su ristra de hermanos. Yo lo espero en el camerino: «Le irá bien», pienso. Y se abre el telón.

—*Ladies and gentlemen!* Con todos ustedes… el rey del swing: ¡Beeenny Goodman! —anuncia el presentador entre fuertes aplausos.

—¿Benny? ¿No era Joseph el que tocaba el clarinete? —murmura la madre desde la primera fila.

—¡Mamáaaa! —protestan sus hijos.

Es una **verdad como un templo...**
que Benny Goodman era el noveno de doce hermanos de una familia más bien pobre y que llegó a ser uno de los músicos más famosos de su época. Ah, y también es cierto que el 16 de enero de 1938 dio un concierto en el Carnegie Hall (una de las salas más importantes de Nueva York).

Es una **mentira cochina...**
que una maleta le dictara las melodías
(¡a Benny le salían solas!).

Una de grandes compositores…

Preludio núm. 1 de *Das Wohltemperierte Klavier* de Johann Sebastian Bach (1685–1750)

Las partituras
prohibidas

En un armario de madera del estudio se ocultan las partituras prohibidas. A simple vista no tienen nada de extraordinario. Podrían confundirse con cualquiera de los otros centenares de páginas amarillentas atadas con cinta roja que hay en el cuarto. Pero Johann Christoph Bach guarda bajo llave las partituras prohibidas, lejos de su hermano pequeño, que es un fisgón, custodiadas como si fuesen el más grande de los tesoros o un arma tremendamente peligrosa. Y claro, eso las convierte en un enigma irresistible para el pequeño que aprende música.

—¡Es injusto! —protesta el pequeño Johann Sebastian—. ¿Por qué no puedo tocarlas?

—Porque no ha llegado el momento —le contesta, severo, su hermano mayor.

—¡Pero si ya tengo diez años!

—Lo sé, pero aún eres pequeño —contesta, inflexible.

—¡Pero si ya sé música!

—Esta no, es demasiado complicada para ti.

—¿Y por qué es demasiado complicada?

—Porque debes ir paso a paso.

—¿Y por qué debo ir paso a paso?

—¡Por qué… por qué… porque sí! —le suelta Johann Christoph y da por terminada la conversación.

Y puede que el joven Sebastian se muerda la lengua y se marche cabizbajo para su cuarto, sin rechistar. Pero la curiosidad no. La curiosidad se le queda dentro y lo pellizca y le hace cosquillas.

Durante la clase de clavicordio con su hermano, cada dos por tres mira de reojo las partituras prohibidas; a la hora de comer, se le ha enfriado la sopa imaginando qué clase de música misteriosa esconden esas hojas y ahora que ya está en la cama es incapaz de pensar en otra cosa. Y eso que ha intentado contar corderitos, se ha tendido boca arriba, boca abajo y de lado, y hasta se ha puesto a buscar el sueño entre las sábanas por si se le había perdido.

La luna, que como todas las noches ha salido a pastorear estrellas y ahuyentar pesadillas, se ha dado cuenta de inmediato y decide echarle una mano a Sebastian. Se acerca al antepecho de la ventana y se rasca un poco la punta de la nariz para desprender un poquito de su polvillo. Lo recoge con mucho cuidado en la palma de la otra mano y, de un soplido esparce el polvo lunar por la rendija del ventanuco.

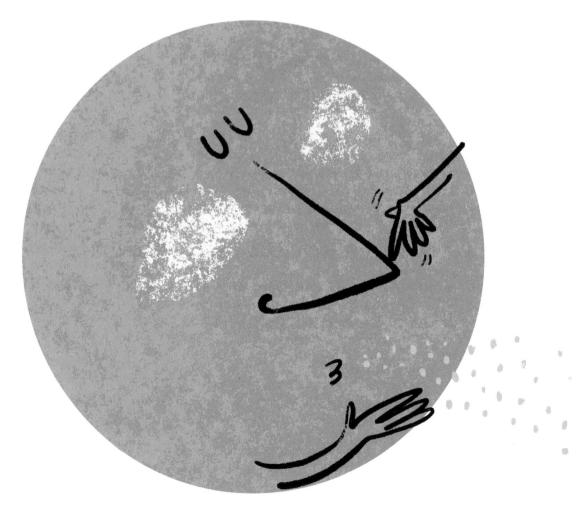

El polvillo plateado sobrevuela el cuarto en busca de su objetivo: Sebastian. El pequeño aprendiz de músico sigue ensimismado dando vueltas en la cama y no se ha enterado de nada de lo que acaba de pasar. Aprovechando una de sus respiraciones, el polvo lunar le ha entrado por las ventanas de la nariz y le ha metido en la cabeza una idea de lo más traviesa: robar las partituras prohibidas. De ese modo, sin duda saciará la curiosidad y recuperará el sueño.

Y así, Sebastian se levanta de la cama sigiloso. Avanza con cautela envuelto en la oscuridad de la noche. No puede encender una vela porque si su hermano llegara a pescarlo, se pondría como una fiera. «¡Por suerte hoy hay luna llena!», piensa Sebastian mientras avanza a tientas. La luna le envía un tenue haz de luz que se cuela por la ventana del estudio, eso le basta para que el robo de las partituras prohibidas pueda ser un éxito.

Sebastian mete las manitas entre el entramado de rejas de madera de la puerta del armario, tal como le indica el polvillo de luna que lleva muy dentro. Con la destreza de un ladronzuelo, enrolla el libro de partituras y forma un tubo lo bastante estrecho para colarlo por el espacio que queda entre las rejas. Respira hondo y comienza la operación de retirada. Debe ir con cuidado. En el armario hay un pequeño candelabro de plata y una figura de porcelana blanca que, si llegaran a caerse, producirían un ruido de mil demonios.

Después de tantas horas de clase recorriendo con los dedos el teclado, las manos del pequeño malhechor se han vuelto ágiles y habilidosas y, en un visto y no visto, el pliego de partituras está en su poder. ¡Por fin!

Sebastian desanda el camino de ida y vuelve a su cuarto. Se sienta en la silla de madera y coloca el pliego de partituras sobre el pupitre. Lo abre por la primera página y, auxiliado otra vez por un rayo de luna solitario, lee la partitura. Dentro de su cabeza, esas manchas negras en el pentagrama comienzan a dibujar una melodía que intuye fantástica. «¡Daría lo que fuera para poder tocarla ahora mismo en el clavicordio!», se dice con impaciencia. Pero el polvillo de luna se ocupa enseguida de advertirle de que sería una imprudencia.

Por eso Sebastian coge una hoja pautada en blanco y moja la pluma en el tintero. Con la nariz pegada a las partituras para verlas bien de cerca copia una nota tras otra de aquella música enigmática. Lo hace con muchísimo cuidado, procurando no olvidar detalle alguno.

La luna, cómplice, ilumina la escena hasta que Sebastian completa las dos líneas que marcan el punto final. De puntillas, el joven músico vuelve a colocar las partituras prohibidas en el armario, se asegura de no dejar el menor rastro del delito y respira aliviado. El polvillo plateado de la luna aprovecha la ocasión para abandonar el cuerpo del pequeño y volar de vuelta a la punta de la nariz de la luna.

Mañana, cuando Christoph se vaya a trabajar, el pequeño Johann Sebastian Bach se sentará al clavicordio y, por fin, tocará las partituras prohibidas mientras su curiosidad satisfecha hará las maletas. La luna escuchará con entusiasmo el concierto a través de la rendija de la ventana y, cuando acabe, hasta es posible que aplauda.

Es una verdad como un templo...
que de pequeño Johann Sebastian Bach
realizara esta travesura. Por desgracia,
no sabemos cuáles eran las partituras
prohibidas que copió.

Es una mentira cochina...
que la luna le echara una mano. Ella solo
pasaba por ahí como todas las noches.

Una de animales...

Fuga del gatto de Domenico Scarlatti (1685-1757)

Pulcinella y Scarlatti

La gata Pulcinella era negra como el betún

y dormilona como una marmota. El señor Scarlatti, en cambio, era blanco como la nieve y dormía muy pocas horas porque se pasaba el día tocando el clavecín y componiendo sonatas, fugas y óperas. La música lo obsesionaba de tal modo que prácticamente no salía del estudio ni para lavarse. A saber cuántas especies de piojos grandes y rechonchos se escondían en la peluca blanca y rizada con la que se cubría el pelo. Pulcinella, por su parte, era tan presumida que se lavaba a lengüetazos cuatro veces al día y se afilaba las uñas en la butaca del comedor tres veces por semana.

—¡Maldita Pulcinella! ¡Aléjate de mi butaca ahora mismo si no quieres que te arranque la cola! —le soltaba el señor Scarlatti cuando la pillaba haciéndose la manicura.

Pero a Pulcinella no la asustaban en lo más mínimo aquellas amenazas, porque sabía que el señor Scarlatti no se atrevería a tocarle un solo pelo. ¡Pobre de él!

Y es que un día en palacio le anunció la reina:

—Querido maestro, en agradecimiento por tus lecciones semanales de clavecín, quiero regalarte mi más preciado tesoro.

—Oh, Majestad, sería para mí un honor, pero seguramente no merezco semejante riqueza.

—Aprecio tu humildad, maestro, pero insisto. ¡Guardias! Entregadle a mi minina. Te presento a Pulcinella, la gata de la reina.

Evidentemente, el pobre señor Scarlatti se quedó con un palmo de narices porque cuando la reina te habla de un «preciado tesoro» te imaginas riquezas de verdad: un saco de monedas de oro, una joya de valor incalculable o tal vez un castillo, un título nobiliario o unas tierras en algún lugar remoto. Pero ¿una gata? ¿Para qué cuernos le servía a él una gata? ¡Pero si el pelo de gato le daba alergia!

—¡Achís! ¡Muchas gracias… achís! ¡Majestad… achís!

—Ya verás qué fácil es cuidarla. Apunta: tienes que peinarle el bigote dos veces al día, la leche se la toma tibia y duerme encima de un cojín de plumas.

—De acuerdo, Majestad. ¡Achís! Lo haré encantado… ¡Achís! —mintió el compositor.

¡ACHÍS!

Sin embargo, el regalo de la reina supuso un descalabro en las vidas de Pulcinella y Scarlatti. A la gata, acostumbrada hasta entonces a la enormidad y el silencio del palacio, la casa de Scarlatti le parecía diminuta y ruidosa por esa obsesión del maestro de pasarse el día tocando aquel maldito instrumento. ¡No había quien pegara ojo! Al compositor le resultaba imposible concentrarse porque se pasaba el día estornudando. Cuando quería tocar una escala, por ejemplo, siempre le quedaba interrumpida entre el fa y el sol: «do, re, mi, fa, ¡achís!, sol, la, si, do». Y si la inspiración le insinuaba una buena melodía, un achís inoportuno se la ahuyentaba. ¡Y eso si por error no se sonaba la nariz con la partitura!

Y cuando más desesperado estaba el señor Scarlatti, una petición de la reina (¿de quién, si no?) dio un nuevo vuelco a sus vidas.

—Apreciado maestro, quiero hacerte un encargo muy especial. La semana entrante es mi cumpleaños y me gustaría que compusieras alguna pieza para celebrarlo. ¡Ya sabes cuánto me gusta tu música!

—¡Achís!... Oh, Majestad... ¡Achís!... Será un gran honor. ¡Achís!

—¡Y cuídate ese resfriado, que estos días pareces un estornudo andante!

Cuando llegó a su casa, el señor Scarlatti estaba más pálido que nunca. Desde que la reina le había regalado a Pulcinella, por culpa de aquellos estornudos insistentes a duras penas lograba componer. ¿Cómo diablos cumpliría con un encargo de semejante magnitud? En ese preciso instante, un barullo de notas de clavecín interrumpió sus cavilaciones. Extrañado, salió corriendo hacia su estudio. ¿Quién diablos andaba ahí dentro?

—¡La puerta! ¡Achís! ¡Me he dejado la puerta abierta… achís! ¡Seguro que esa minina, ¡aaachís!, me dejará el clavecín lleno de pelos! ¡Achís!…¡Hasta ahí podíamos llegar! ¡Achís! —aulló desesperado y como el rayo se fue a la cocina a buscar el más afilado de sus cuchillos.

Cuando Pulcinella vio entrar al señor Scarlatti empuñando el cuchillo, pensó que esta vez la había hecho buena y se deslizó por el teclado del clavecín. Clanc, clanc, clanc. El compositor se paró en seco. ¡Qué preciosidad! El azar había hecho que las patas de Pulcinella tocaran una melodía fantástica, perfecta. ¡Quién lo hubiera dicho! La bola de pelo acababa de componer una obra maestra que, seguramente, haría las delicias de la reina y su séquito.

—¡Oh! ¡Qué maravilla! ¡Achís!... ¿Puedes repetirlo, minina? ¡Achís! —pidió con el tono más amable de que fue capaz.

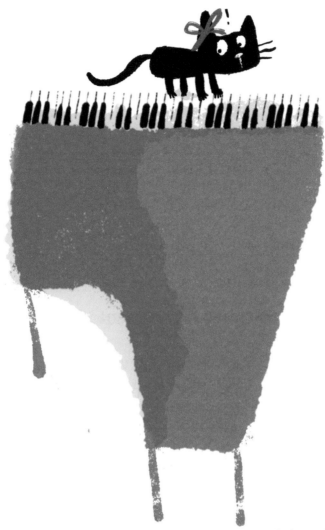

Pulcinella se quedó quieta encima del teclado y dijo para sus adentros: «¡Este pobre diablo ha perdido el juicio!».

—Chsss, chsss, chsss… minina bonita… ¡achís! ¡Ven aquí, anda, ven! ¡Si vienes, te cepillaré el bigote tres veces al día… achís! Y te compraré un cojín de plumas nuevo. ¡Achís!... ¿De acuerdo, bonita?

El compositor ya no empuñaba el cuchillo. De una estantería había cogido una partitura en blanco, la pluma y el tintero, dispuesto a transcribir aquella melodía con pelos (nunca mejor dicho) y señales.

Y Pulcinella se paseó por el teclado repitiendo los movimientos con todo detalle: clanc, clanc, clanc. Pero no creáis que lo hizo para ayudar al compositor. Lo que quería era irse de la habitación antes de que a aquel loco le diera otra vez por cortarle la cola.

Es una verdad como un templo...

que Domenico Scarlatti tenía una gata que se llamaba Pulcinella. Cuenta la leyenda que, al pasearse por las teclas del piano, la minina tocó las cuatro primeras notas de la *Fuga del gatto*. También es verdad que Scarlatti era el maestro y compositor protegido de la reina Bárbara de Braganza.

Es una mentira cochina...

que Scarlatti le tuviera alergia a los gatos y que Pulcinella fuese un regalo de la reina.